PH. JUMAUD

Notes d'Hygiène sur

SAINT-RAPHAEL

Boulouris, ESTEREL-PLAGE, Agay,

Anthéor. Le Trayas

Prix : Deux Francs

PARIS

A. MALOINE, Editeur

25-27, Rue de l'Ecole de Médecine 25-27

1914

À mon père

À Monsieur le Professeur Godin,

Je dédie cette étude

PH. JUMAUD

Notes d'Hygiène sur

SAINT-RAPHAEL

Boulouris, ESTEREL-PLAGE, Agay,

Anthéor. Le Trayas

Prix : Deux Francs

PARIS
A. MALOINE, Editeur
25-27, Rue de l'Ecole de Médecine 25-27

1914

Notes d'hygiène sur

SAINT-RAPHAEL

Boulouris, ESTEREL-PLAGE, Agay,
◊ ◊ ◊ ◊ Anthéor, Le Trayas ◊ ◊ ◊ ◊

GÉNÉRALITÉS

Parmi les stations justement réputées de la Côte d'Azur, la première en date est sans contredit Saint-Raphaël, puisqu'à l'époque romaine déjà, les riches familles patriciennes qui habitaient *Forum Julii* (Fréjus) y avaient élevé des maisons de plaisance et des bains sur l'emplacement que la ville occupe encore aujourd'hui.

Cette opinion est corroborée par l'examen des ruines d'habitations mises à jour en creusant les fondations de maisons au bord de mer, par la découverte de tombeaux avec tous les attributs funéraires, et par une grande citerne destinée à approvisionner d'eau les navires qui fréquentaient cette région.

Il y a même un témoignage écrit d'autant plus intéressant qu'il consacre, depuis deux mille

ans, la valeur du climat de Saint-Raphaël-Fré-
jus. Dans une lettre de Pline le Jeune à son
ami Valérius Paolinus, sénateur romain, au
sujet du triste état de santé dans lequel se trouve
son affranchi Zozimus, on lit : *Pour essayer de
le guérir j'ai résolu de l'envoyer dans l'une des
propriétés que vous possédez à Forum Julii. Je
me souviens de vous avoir souvent ouï dire que
l'air y est fort sain et le lait très bon.*

Au moyen âge l'évêque de Fréjus, les moines
de Lérins, ceux de St-Victor (de Marseille) ont
possédé tour à tour la dîme de la vieille Eglise.

Au début de la Révolution, Saint-Raphaël
n'était encore qu'un village de quelques centai-
nes d'habitants qui néanmoins rédigea son ca-
hier de doléances.

C'est pendant la seconde moitié du XIXᵉ siècle que St-Raphaël se développa. Le vieux village qui en 1830 ne comptait que 870 habitants
augmenta progressivement comme tout le littoral grâce « à l'espèce de fascination qu'exerce la
mer et principalement la Méditerranée sur tous
les habitants de l'intérieur du Continent et des
contrées du Nord, à la beauté des points de vue
que célèbrent les poètes et que dessinent les ar-
tistes, à l'action bienfaisante exercée par le climat sur les malades et grâce aussi à la toute
puissance de la Mode » (Elisée Reclus).

Mais c'est surtout du jour où Alphonse Karr
vint s'y fixer en 1864 que l'attention fut attirée
sur Saint-Raphaël. Depuis l'adduction des eaux
de la Siagnole et les grands travaux dirigés par
le maire Félix Martin, le développement a été
continu et la population qui en 1876 était de

1.500 habitants environ atteint maintenant 7.000 et même 9.000 pendant les saisons d'été ou d'hiver.

A côté de la vieille ville s'échelonnent maintenant sur la Côte et dans les différents quartiers plus de 700 villas, hôtels ou immeubles, le tout desservi par plus de 150 kilomètres d'avenues, de boulevards, de routes forestières...

Si le développement de St-Raphaël est lié à son incomparable cadre artistique il faut aussi le rapprocher de sa situation qui fait de Saint-Raphaël un véritable *salubrium*, inondé de soleil et de lumière, très protégé au Nord et à l'Est par les contreforts boisés de l'Estérel, au contraire largement ouvert du côté du Sud, à la brise marine et au vent chaud venant d'Algérie.

SITUATION

Saint-Raphaël est situé par le 43° 32 de latitude Nord et 4° 35 de longitude Est.

Au point de vue climatérique la disposition topographique de la commune permet de la diviser en 2 zônes : maritime et terrestre.

La *zône maritime* comprend Saint-Raphaël, Estérel-Plage, Boulouris, Agay, Anthéor, Le Trayas. Tout le long de cette côte se trouvent des plages de sable fin qui permettent d'y prendre, en toute saison, des bains de mer et de soleil. Cette côte est suffisamment abritée des vents, pour permettre des promenades en mer qui complètent la cure marine.

La *zône terrestre* s'étend au-delà de la ligne du chemin de fer au milieu de la forêt, c'est Valescure, l'hinterland de Boulouris et l'Estérel.

TEMPÉRATURE

(Dans le cours de ce chapitre nous citons un grand nombre de chiffres et de graphiques. Tous ces documents sont *officiels* et proviennent d'appareils enregistreurs adoptés par l'Observatoire de Paris).

Par sa situation Saint-Raphaël se trouve soumis aux mêmes conditions thermiques qu'Hyères et Cannes.

Avant d'entrer dans le détail, nous dirons que *la caractéristique de la température d'une station est sa stabilité* ; caractère d'une importance extrême car ce n'est pas le degré d'élévation de la température, mais bien son *uniformité* qui constitue la valeur médicale du climat. *Les valétudinaires qui redoutent les déplacements trouvent à Saint-Raphaël une résidence fixe* et nous pouvons affirmer, sans crainte de démenti, que c'est la seule station du Littoral Méditerranéen qui offre pareil avantage.

I *Température d'hiver*

La végétation tropicale qui émerveille les hivernants atteste la douceur de l'hiver ; la vigueur et le nombre des plantes exotiques : palmiers, eucalyptus, orangers,..... qui croissent en pleine terre sont la meilleure preuve des excellentes conditions thermiques de cette saison.

TABLEAU D'OBSERVATIONS MÉTÉOROLOGIQUES

De Novembre à Avril (Année 1882)

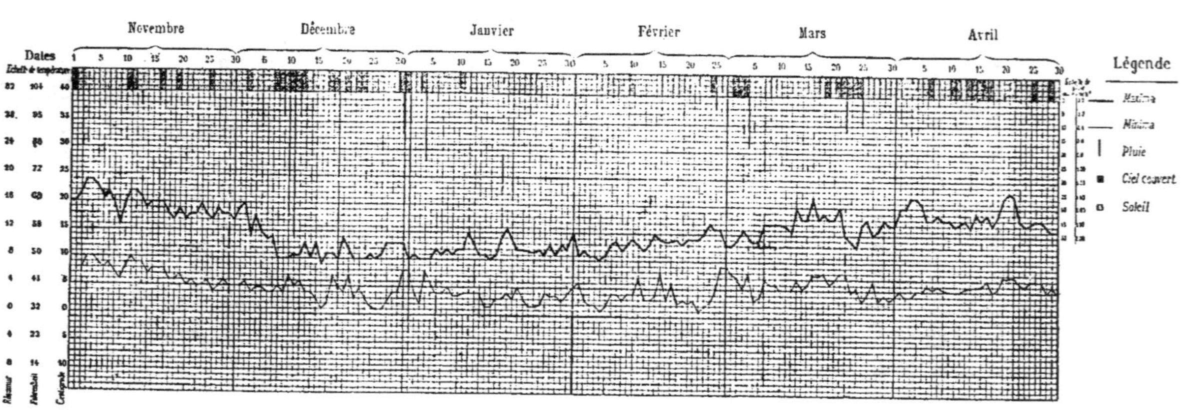

TABLEAU D'OBSERVATIONS MÉTÉOROLOGIQUES
De Novembre à Février (Année 1882)

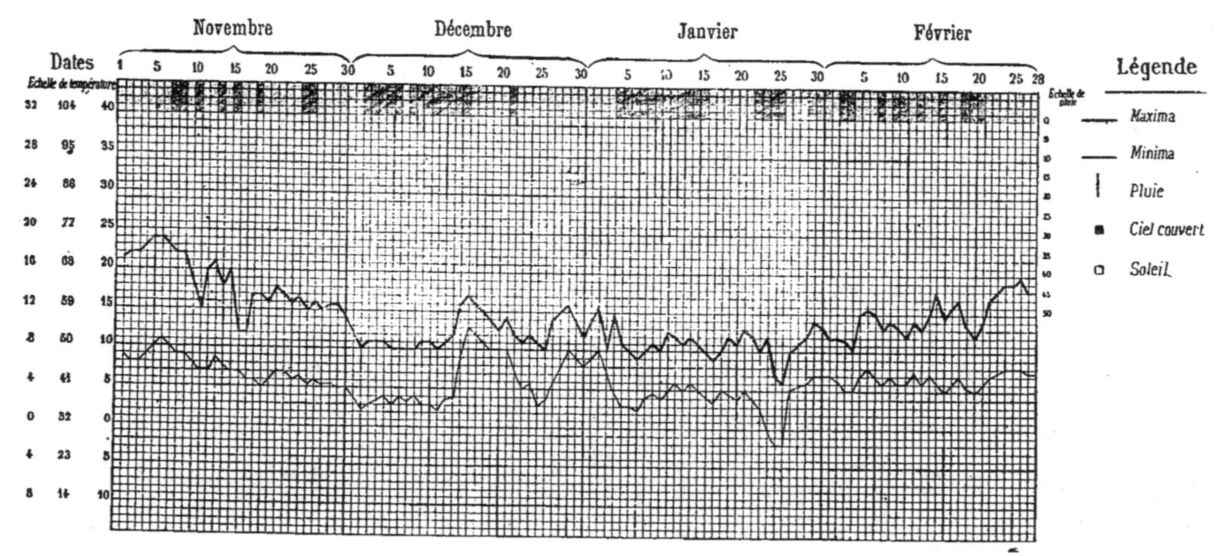

Pour préciser nous donnons ci-dessous les moyennes d'après les chiffres enregistrés pendant l'hiver 1913.

Janvier — Février — Mars — Avril
9° 5   10°   11° 2   12°

Il est bien entendu que ces moyennes doivent être très relevées si l'on ne considère que les températures de la *journée médicale*, c'est-à-dire celles des heures pendant lesquelles les malades peuvent sortir.

Ce qui est intéressant à noter c'est que la chute thermométrique n'est pas brusque comme dans les autres stations de la Côte d'Azur et le coucher du soleil ne s'accompagne nullement d'une impression de froid.

Le graphique ci-dessous est à ce sujet suffisamment éloquent.

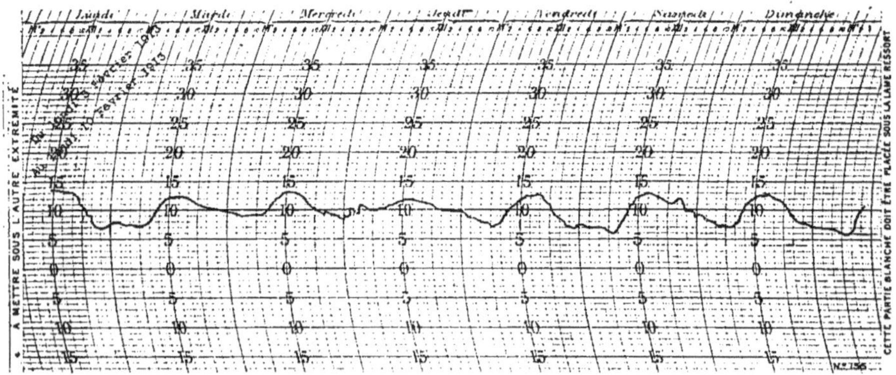

TEMPÉRATURE D'HIVER. — Du 3 au 10 Février 1913
(La chute de température a lieu entre 8 h. du soir et minuit)

Par suite de la situation très abritée de ce quartier le climat de Valescure présente quelques particularités qui méritent d'être signalées.

La moyenne des températures y est toujours plus élevée que sur le bord de la mer et pendant le mois le plus froid de l'hiver, en janvier, le thermomètre ne descend pas au dessous de 11° pendant la journée médicale.

Les oscillations thermiques sont peu étendues et la moyenne de l'oscillation thermométrique est seulement de 9° 80, détail très intéressant à noter pour les anémiés et les bronchitiques dont l'état exige une grande stabilité de climat.

C'est en se basant sur ces observations que Constantin James a écrit :

« Saint-Raphaël-Valescure est la station médicale par excellence, à la fois tonique et sédative, offrant cette remarquable particularité que la succession du jour à la nuit s'opère sans ces variations brusques de température, qui sur d'autres points du Littoral sont parfois assez accentuées pour présenter un danger véritable ».

Durant la nuit la température de St-Raphaël-Valescure n'est jamais très basse. Pendant les hivers rigoureux on note quelques jours où le thermomètre descend au-dessous de zéro, mais les gelées ne durent que quelques minutes ; et l'on n'observe jamais une série de gelées de plusieurs jours consécutifs, ni de journées entières.

La mer exerce aussi une heureuse influence ; les eaux de la Méditerranée dont le degré thermométrique est toujours supérieur à 7° 5, absorbe la chaleur tandis que son pouvoir émissif est très faible ; elle tempère pendant le jour la chaleur et diminue le refroidissement de l'atmosphère pendant la nuit ; c'est le réservoir thermique et régulateur par excellence.

II *Température de printemps*

Nous insistons sur la température du printemps, car il est indispensable de lutter contre un préjugé fâcheux, et il importe de détruire l'appréhension naturelle qu'éprouve tout hivernant à l'approche des mois tempérés de l'année : avril, mai, juin. Il a tant apprécié la douce tièdeur de l'hiver qu'il ne peut s'empêcher d'un rapprochement mental qui le conduit à se poser cette troublante interrogation : « Puisque l'hiver est si chaud dans ce pays fortuné que doit être le printemps et surtout l'été ? »

Rien ne justifie une telle appréhension et les faits le démontrent surabondamment.

Voici quelques extraits d'un rapport du distingué Docteur Balestre dont les conclusions s'appuient sur des observations si nombreuses qu'elles ne peuvent être plus rigoureuses et moins inattaquables.

« Le mois de mai est là, comme partout, le plus beau de l'année et ce serait une erreur de croire qu'à la tiédeur d'avril succèdent brusquement les chaleurs torrides de l'été. C'est le moment où les campagnes vertes et fraîches offrent les plus agréables promenades, où la température très douce et les journées plus longues permettent de voir notre pays sous un nouvel aspect qui charme tous ceux qui ont pu s'y attarder. Je ne ferai pas du printemps de notre pays une description qui pourrait être suspecte.... ». Ici le Docteur Balestre, en empruntant ses chiffres aux bulletins météréologiques dressés par M. Bousquet, relève les constatations suivantes :

Mai. — Durant les six dernières années, la température la plus élevée de la première quinzaine de Mai a été de 25° atteinte deux fois seulement, et de 27° 5 pour la deuxième quinzaine, atteinte deux fois également. Les écarts diurnes de température dépassent rarement 10° et encore ces relevés portent-ils aussi sur la nuit, ce qui amène à dire qu'ils sont de très faible étendue dans le jour. — Sur les 180 jours observés, on a 28 jours seulement de pluie et 5 jours de vent.

Juin (1ʳᵉ Quinzaine. — Les recherches ne portent que sur les cinq dernières années. Le maximum moyen est de 25°, la température de 29° 6 a été atteinte trois fois et l'on constate que ces élévations de température sont de très courte durée vers le milieu de la journée. Les matinées, les soirées et surtout les nuits sont toujours agréablement fraîches. — Sur les 75 jours observés il y a eu 12 jours de pluie.

« Il résulte de ce qui précède que le mois de
« Mai et la première quinzaine de Juin se prê-
« tent parfaitement à un séjour de printemps ;
« le vent, la pluie y sont rares, la température
« y est douce et constante et n'atteint que rare-
« ment et passagèrement le degré où elle com-
« mence à devenir pénible. La deuxième quin-
« zaine de Juin apporte les premières chaleurs
« encore bien supportables et tempérées par des
« brises fraîches qui rendent bien agréables les
« soirées et les nuits.

« Ces conclusions peuvent être étendues à
« toutes les stations de la Côte d'Azur ».

« Docteur BALESTRE ».

TABLEAU D'OBSERVATIONS MÉTÉOROLOGIQUES

De Mai à Octobre (Année 1882)

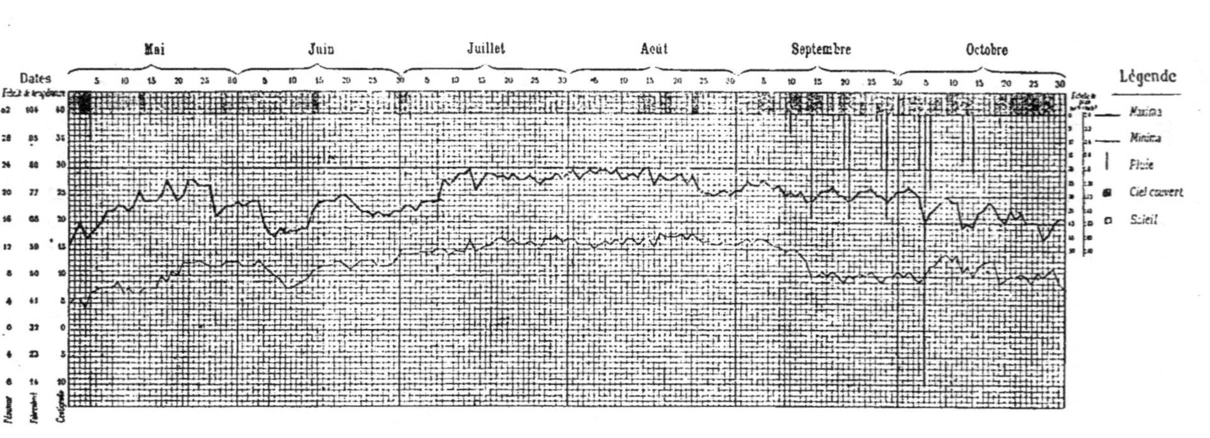

III. *Température d'été*

Largement ouvert à la brise marine, le territoire de Saint-Raphaël offre pendant l'été des températures qui ne sont pas excessives. C'est la mobilité excessive de l'air qui vient tempérer la chaleur et qui fait qu'on n'éprouve pas à St-Raphaël cette sensation d'alanguissement qu'on ressent durant l'été dans d'autres stations du Littoral. La douceur de la température tient aussi à la grande siccité de l'air. L'évaporation qui se fait à la surface de la peau est activée par la sécheresse de l'air, et il se produit ainsi une impression agréable de fraîcheur qui n'existe pas dans les climats chauds humides.

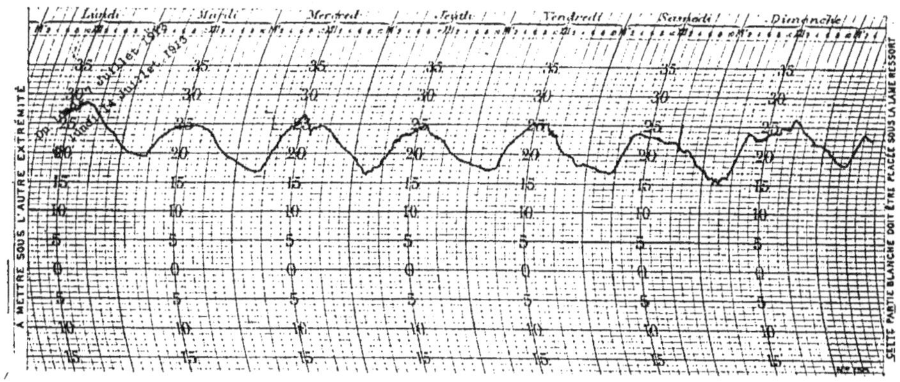

TEMPÉRATURE D'ÉTÉ.—Du 7 Juillet au 14 Juillet 1913

La moyenne estivale 22° 7 justifie l'affluence des baigneurs pendant les mois de juillet, août et septembre.

Le graphique général des maxima pendant les mois de mai, juin, juillet, août, septembre et octobre 1882 et deux graphiques, enregistrés durant l'été 1913 qui fut particulièrement chaud prouvent irréfutablement que les températures ne sont pas excessives à Saint-Raphaël durant l'été.

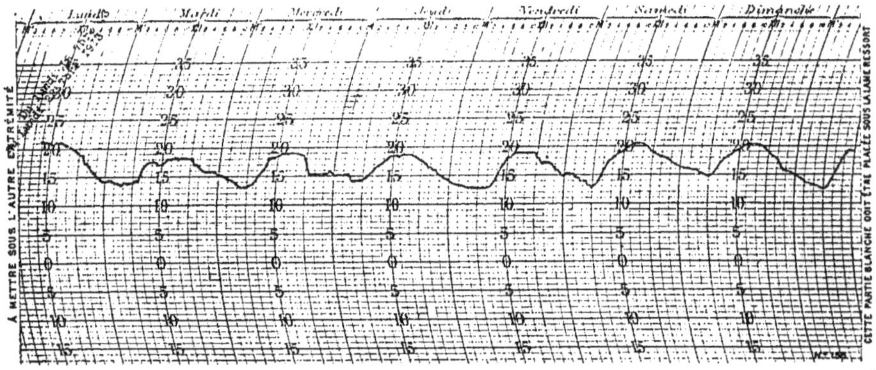

TEMPÉRATURE D'AUTOMNE. — Du 15 Septembre au 22 Septembre 1913

(Pendant cette période le nombre de baigneurs est aussi important qu'en plein été).

PRESSION BAROMÉTRIQUE

En examinant les courbes de la pression barométrique, on remarque surtout une *grande uniformité ;* pendant l'hiver, la moyenne est de **761**,
pendant l'été, de 767. Ce sont là de bonnes conditions, car les variations barométriques, quand
elles sont soudaines et étendues, ont une influence fâcheuse sur la santé des convalescents
et de toutes les personnes débiles douées d'une
impressionnalité nerveuse particulière. A part
cela, l'étude de la pression barométrique n'offre
pas un grand intérêt et, au point de vue de la
prévision du temps, elle donne des renseigne-
ments peu précis. La venue prochaine du mistral est souvent annoncée par une chute brusque
du baromètre.

HYGROMÉTRIE

L'état hygrométrique d'un climat joue un grand rôle dans sa valeur thérapeutique ; son action sur les êtres vivants est au moins égale à celle de la température.

A Saint-Raphaël, l'état hygrométrique est remarquable par sa grande siccité et la constance hygrométrique de cette station n'est pas moindre que celle de sa stabilité thermique.

Le point de saturation étant exprimé par 100, l'humidité moyenne est en hiver de 62° et en été de 52° 3, moyennes très faibles qui font que Saint-Raphaël a le climat le plus sec de toute la Cote d'Azur.

A aucun moment de la journée, la vapeur d'eau restant par saturation en suspension dans l'air, ne laisse une impression d'humidité désagréable pour la peau et les bronches. Cette absence d'humidité doit être attribuée à une végétation intense qui absorbe toutes les condensations dès qu'elles se produisent, au sol sablonneux et porphyrique et aux courants atmosphériques.

VENTS

Brises de terre et de mer

A Saint-Raphaël, ainsi que sur tout le Littoral, soufflent les brises de terre et de mer qui brassent l'atmosphère et la renouvellent. L'état normalement mobile de l'air de la station est une des qualités dont le médecin doit tenir grand compte. Cette mobilité a une importance capitale ; c'est elle qui, aidant la fonction respiratoire, produit une sensation de bien être, une stimulation des fonctions avec exagération de l'appétit et perfection du travail nutritif.

A côté de ces vents agréables, il faut signaler d'autres vents irréguliers qui viennent des régions voisines.

Saint-Raphaël est cependant protégé contre eux par sa situation topographique : contre les *vents d'ouest*, par les montagnes des Maures qui le séparent d'Hyères, des *vents d'est*, par le massif de l'Estérel qui le sépare de Cannes et contre ceux du *nord*, par la chaîne des Alpes.

Cette situation relativement abritée de Saint-Raphaël explique pourquoi la Marine y a installé l'aérodrome naval, au-dessus duquel évoluent chaque jour de nombreux hydro ou aéroplanes.

Vent du Nord-Ouest

Il y a cependant le vent du *nord-ouest* ou *mistral* qui pénètre par l'échancrure de Roquebrune. Ce vent souffle beaucoup moins fréquemment qu'on ne le croit et persiste rarement plus de 2 ou 3 jours. Si les étrangers trouvent violent ce vent, qui est pourtant très faible *en moyenne*, c'est à cause des fréquentes périodes de grand calme qui passent inaperçues. Le mistral se fait moins sentir à Saint-Raphaël que dans les régions situées en deçà des Maures. Il nous est arrivé souvent de laisser le mistral à Toulon et de ne pas le retrouver au delà des Arcs ou du Muy, soit qu'il ait été abattu par les obstacles qu'il rencontre sur son passage, soit plutôt qu'il ait été détourné par un courant venant de l'est.

Le mistral n'a du reste aucun inconvénient, ainsi que le prouvent les citations médicales suivantes :

Le mistral est un bon vent, dit le docteur J.-H. Benett, c'est le vent du beau temps et de la salubrité. Il éclaircit le ciel, rafraîchit l'air et purifie l'atmosphère en balayant les produits de décomposition qui s'opère à la surface du sol sous la double influence de la chaleur et de l'humidité. Dans les pays chauds, où la pluie est rare, un coup de Mistral équivaut à un coup de balai, c'est le vent préservatif des épidémies. Un endroit où le vent ne pénètre pas deviendrait bien vite un foyer pestilentiel surtout dans un climat méridional.

Même opinion du docteur H. Mireur qui, dans une étude sur la climatologie générale de Saint-Raphaël, s'exprime ainsi :

La thermalité et la luminosité de l'air salin, son imprégnation des matières extractives de la mer, sa mobilité constante déterminée par les modifications de sa densité, la présence en notable proportion de l'ozone produit par l'évaporation de l'eau salée et la végétation des massifs résineux, expliquent la salubrité exceptionnelle de Saint-Raphaël. Les maladies infectieuses y sont très rares et ne présentent que des cas isolés et, dans une pratique de vingt ans, nous n'avons pas constaté la moindre généralisation épidémique. La moyenne des décès est ici de beaucoup inférieure à la moyenne de France, et la terrible tuberculose ne figure aux statistiques médicales que dans une très faible proportion.

La déclivité du sol et sa perméabilité sont encore une cause puissante de salubrité ; mais, quelque surprise que doive causer notre assertion, nous n'hésiterons pas à dire que le facteur le plus puissant et le plus sûr en est ce malheureux mistral, objet constant de malédictions et de terreurs, que chacun renie et qu'on a appelé le Fléau de la Provence, dans un temps où on ne connaissait pas les microbes. Je crois que dans la vallée du Rhône, où il ne peut maîtriser l'impulsion furieuse que la nature lui a donnée, on a de bonnes raisons de se plaindre de son impétuosité ; mais sur tout le littoral, de Hyères à Nice, il est permis de trouver peu justifiées les grandes colères dont il est l'objet. Le plus ordinairement, à Saint-Raphaël, le mistral agitant modérément l'atmosphère, n'apporte aucun obstacle aux habitudes et aux relations journalières, et dans ses jours de plus grande violence, il est toujours facile de trouver des replis de terrain où, à l'abri de ses atteintes directes, on peut bénéficier de la pureté de l'air et de l'éclat du soleil qu'il procure. Il amène bien rarement et pour peu de temps le séjour à la maison, à tout prendre, la séquestration est bien moins pénible avec un beau soleil inondant les appartements de ses rayons que par les jours gris, maussades et énervants de vent d'Est et de pluie.

Mais il est toujours bien difficile de se défendre contre une mauvaise réputation injustement acquise, et notre irréflexion ordinaire s'habituera difficilement à reconnaître les bienfaits de ce grand agent d'assainissement et à lui pardonner la brutalité qu'il met parfois dans son travail d'épuration. Je reconnais volontiers qu'il s'en acquitte parfois avec une conscience qui peut paraître excessive, mais il convient d'ajouter que dans le rôle ingrat qui lui est imposé, s'il est souvent désagréable, il n'est jamais dangereux.

Les affections des voies respiratoires, les rhumatismes, se montrent souvent après les vents d'Est, que l'épais rideau de l'Estérel atténue si heureusement pour Saint-Raphaël, mais jamais après le mistral. Les paysans l'appellent un bon vent et restent sans inquiétude exposés à son action ; ils ont raison, l'éclat du soleil et la sécheresse de la peau qu'on lui doit, empêchent le refroidissement du corps et préservent de toute atteinte profonde. Quoiqu'il en soit, ce mot de mistral sonne mal aux oreilles des gens prévenus et les bois abrités d'Estérel-Plage, de Boulouris, de Valescure et de Saint-Aygulf seront toujours préférés par ceux qui redoutent les rudesses de ce bourru bienfaisant. Et nous serons longtemps encore peu nombreux, nous qui, connaissant bien l'action et les effets du mistral, l'envoyons, il est vrai, irrespectueusement à tous les diables pendant quinze jours de l'année, mais le bénissons et l'aimons tout le reste du temps.

En attendant qu'un bon décret de salubrité obligatoire, rende moins nécessaire son action en Provence, nous supplions cet excellent fléau de ne pas se laisser émouvoir par les criailleries chagrines et les effarouchements irréfléchis ou calculés et d'accomplir son ingrate, mais salutaire mission, dût-il nous étourdir par les démonstrations un peu vives de sa providentielle sollicitude.

Vents du Sud-Est et du Sud

Le vent du *Sud-Est*, chaud et humide, qui domine sur la Riviéra italienne est brisé et rejeté au large par le massif de l'Estérel. C'est le vent à redouter pour les malades, car sous son influence les fonctions languissent et un malaise général s'ensuit.

Aussi attend-on avec impatience un coup de mistral qui remplace ce vent heureusement bien rare.

Quant au *vent du Sud*, vent très chaud il est assez rare et parfois associé au mistral.

PLUIES

Elles ne sont point fréquentes sur le littoral et, d'après les chiffres recueillis (voir les graphiques, pages 10, 11 et 16), on peut dire qu'il pleut deux fois moins à Saint-Raphaël qu'à Paris, bien que la quantité d'eau tombée soit plus considérable.

Le régime des pluies est peu variable ; le maximum a lieu en automne et le minimum en été ; pendant cette dernière saison, on ne signale que peu ou pas de pluie. La pluie est apportée par le vent du Sud-Est. *La moyenne annuelle est de 670 m/m d'eau.*

La pluie tombe sous forme d'averses abondantes, toujours suivies de belles éclaircies. Le sol très perméable l'absorbe rapidement et *les brouillards sont totalement inconnus.*

Cette absence de pluie ne va pas sans inconvénient, et à ce sujet il faut signaler la poussière inhérente à l'automobile. On lutte contre elle par un empierrement en porphyre, provenant des carrières du Dramont, par des arrosages très fréquents et par un goudronnage spécial dont les essais se poursuivent actuellement.

Contrairement à ce qui se passe ailleurs, la poussière n'est presque jamais nocive, car le soleil se charge de détruire rapidement tous les germes pathogènes.

LUMINOSITÉ

« De toutes les fleurs, a dit ingénieusement un écrivain, la fleur humaine est celle qui a le plus besoin de soleil ». Sous ce rapport, Saint-Raphaël est réellement favorisé et l'une des caractéristiques de son climat réside dans sa grande luminosité et la puissance de sa radiation solaire. Nulle part le soleil n'est plus éclatant par suite de la siccité de l'air.

Du mois de novembre au mois d'avril inclus, les heures d'insolation ont été notées dans un certain nombre de stations.

St-Raphaël et stations de la Cote d'azur.. 981 h.
Davos .... 700 h.
Montreux .... 595 h.
Paris .... 565 h.

Ce tableau est à rapprocher de celui publié par le docteur Gueirard de l'Observatoire de Monaco,

Nombre de journées sans insolation :

Octob.	novem.	décem.	janvier	février	mars
5	6	9	10	5	8

soit 43 jours sans soleil sur 180 jours.

Ce qu'il y a de particulier, c'est que cette luminosité excessive ne fatigue nullement la vue en raison de la constitution géologique du *sol qui est rouge* et non pas blanc comme dans la plupart des villes du littoral. De cette façon, une partie de la lumière n'est pas réfléchie, mais pénètre dans le sol qui l'absorbe.

La luminosité et la puissance de radiation solaire du climat de Saint-Raphaël en font le terrain idéal pour la cure solaire puisque l'insolation y est la règle. Le bain de soleil est couramment appliqué à Saint-Raphaël, dans toute sa simplicité, sans qu'il soit besoin d'appareils ou de lentilles destinés à renforcer les radiations solaires.

A l'*Institut héliothérapique* qui vient de se fonder au centre de la nouvelle cité « *Estérel-Plage* », on utilise la chaleur et la lumière solaires dont les propriétés sont bien distinctes. Pour agir superficiellement, activer la circulation et augmenter les échanges cellulaires, on emploie les ondes calorifiques rouges et infra rouges du spectre solaire, réservant pour la profondeur des tissus les actions chimiques et microbicides des rayons violets et ultra violets.

ACTION CLIMATÉRIQUE

Nos organes sont affectés d'une manière sensible, non seulement par la température, mais encore par l'humidité ou la sécheresse, la pression barométrique, le calme de l'atmosphère, la direction des vents, la luminosité de l'air,..... ainsi que par les qualités du sol.

Ces éléments dont l'association forme le climat présentent des différences marquées d'une zone à l'autre.

Première zone : St-Raphaël, Agay, le Trayas

L'agglomération urbaine, le quartier du port, le plateau du Veillat, les cotes de Boulouris, Agay, Anthéor, le Trayas sont entourés d'une atmosphère baignée de sel marin ; dans cette zone le climat est tonique, reconstituant, résolutif et excitant. Cette action résulte de l'air sec, riche en oxygène, des radiations solaires et de la constante ventilation par les brises de terre et de mer.

L'action de ce climat se traduit par une augmentation des globules rouges, un relèvement de la tension artérielle, une suractivité des phénomènes de nutrition entraînant une augmentation rapide de l'appétit. Dans cette zone sont placés les bien portants ou les malades dont l'organisme a besoin d'une vive réaction.

Deuxième zone : Boulouris, Estérel-Plage

Le climat de Boulouris et de la nouvelle ville « *Estérel-Plage* » est moins excitant que celui de la première zone et plus tonique que celui de Valescure parce que la mer et la forêt mêlent leurs effluves dans l'air ambiant.

Le climat de ce quartier a déjà fait ses preuves puisqu'il existe depuis 20 ans à Boulouris un orphelinat où les filles pauvres de la région viennent chercher la santé par le grand air et le soleil.

Cette deuxième zone conviendra au plus grand nombre de malades ; il y a souvent avantage à ne pas trop éloigner de la mer des personnes dont l'impressionnabilité réclame seulement une habitation distante de 2 à 300 mètres de la plage et qui viendront avec profit respirer l'air de la mer par les temps calmes.

Troisième zone : Valescure

L'atmosphère de Valescure est surtout remarquable par sa mobilité bien faite pour tonifier l'organisme.

La brise marine apporte les particules salines jusqu'à une assez grande distance dans l'intérieur des terres (1.200 mètres), d'après le chimiste de Coppet qui a retrouvé à l'analyse spectrale du chlorure de sodium à cette distance.

Les vents du large, la brise de mer, avant d'arriver à Valescure, filtrent à travers une surface d'environ 6.000 hectares de bois, pins maritimes, pins d'alep, pins parasols, chênes lièges, bruyères arborescentes, arbres toujours verts qui, sous les chauds rayons du soleil, dégagent des effluves balsamiques qui tempèrent l'action excitante de l'air marin. A travers ces forêts l'air s'imprègne d'une grande proportion d'ozone dont l'action dynamique à l'état naissant renforce singulièrement les propriétés toniques des autres éléments.

Tous ces facteurs font de Valescure une station hivernale de première valeur, à réserver aux malades particulièrement excitables, congestifs ou fébricitants. Pour résumer, la valeur de cette zone, nous répétons volontiers ce qu'on a dit ailleurs : « Valescure est l'Arcachon de la Méditerranée, avec le soleil, la chaleur et la lumière en plus ».

Etant donné les propriétés bien définies et bien spéciales de chaque zone, *le médecin devra être consulté sur le choix de l'habitation*, ce qui évitera de fréquents mécomptes.

INDICATIONS et CONTRE-INDICATIONS DU CLIMAT DE SAINT-RAPHAEL

Le climat de Saint-Raphaël est celui qui convient par excellence à tous les débilités : enfants doués d'une constitution délicate, convalescents sans vigueur, adultes surmenés par la vie moderne, vieillards affaiblis par l'âge ; tous retrouveront dans ce climat sec, tonique, stimulant une recrudescence de vitalité et, le retour à la santé.

Parmi les maladies justiciables de ce climat, citons : en première ligne la *scrofule* à son double titre de maladie de l'enfance et du système lymphatique ; le *rachitisme* et les *tuberculoses locales, ganglionnaires, ostéoarticulaires, péritonéales*, toutes affections tributaires de l'héliothérapie, (par la seule action de l'air marin, du soleil et du bain, ces malades sont acheminés avec une rapidité surprenante vers la *guérison qui s'obtient sans opération chirurgicale*) ; les *maladies de la femme* et particulièrement la chlorose, l'anémie ; *l'arthritisme, le diabète, la goutte, le rhumatisme chronique, la neurasthénie à forme dépressive, les lésions osseuses cariées et même nécroses* avec plaies et trajets fistuleux, *les gonflements des extrémités spongieuses, les difformités, suites de fractures et de diverses lésions traumatiques.*

Saint-Raphaël. — Une des plages de la cité modèle : Estérel Plage

Le climat de Saint-Raphaël se trouve contre indiqué pour les personnes à tempérament nervo-sanguin, atteintes de désordres dans l'appareil circulatoire, pour les sujets excitables et les fébricitants.

Il y a également contre-indication chez les rhumatisants avec endocardite ancienne ou récente. *Tout phtisique chez lequel la réaction générale prédomine sur l'importance de la lésion, ne doit pas être envoyé à Saint-Raphaël.*

Mais il ne saurait en être de même pour les enfants issus de phtisiques, pour les candidats à la phtisie qui trouveront à Valescure, dans les bois de l'Estérel-Plage ou dans les villas abritées par des collines, les conditions idéales pour se soigner. Nous ne saurions mieux faire que de citer l'éloquente page du regretté et savant docteur Léon Petit, écrite il y a déjà longtemps mais toujours d'actualité :

« C'est le hasard qui m'a fait connaître Saint-Raphaël et Valescure. Je revenais d'un voyage dans le nord de l'Italie, j'avais visité, en passant, les stations en vogue du littoral de la Méditerranée. Un de mes confrères, mon excellent ami le docteur Lutaud, m'avait engagé à venir passer quelques heures avec lui dans sa villa de Valescure. Il m'avait vanté les merveilles du pays, le charme du climat, mais j'avoue que mon arrêt, — entre deux trains — était bien plus un hommage rendu à l'amitié que le fait d'un homme convaincu. J'avais déjà éprouvé tant de désillusions en route que je n'étais pas sans défiance à l'égard d'un pays dont on m'avait tant chanté les louanges.

« Eh bien ! mon ami était au-dessous de la vérité ! Tous les auteurs qui ont écrit sur le climat de Valescure sont au-dessous de la vérité ! Et moi-même, si je voulais entreprendre de donner mon opinion sur le pays et ses ressources, au point de vue hygiénique et thérapeutique je resterais au dessous de la vérité.

« Il est des choses qui échappent à toute description. La description, même naturaliste, comme la peinture, ne réussit jamais qu'à donner un tableau par à peu près, elle flatte souvent, elle enlaidit quelquefois, elle dénature toujours.

« Mais les faits ont leur éloquence, voici donc des faits. Venu à Valescure pour y passer quelques heures, j'y suis resté quinze jours. Quelque cordiale qu'ait été l'hospitalité que j'ai reçue, je dois dire que l'attrait du pays, l'intérêt qu'il me présentait à moi médecin ont été pour beaucoup dans la durée de mon séjour. Puis j'y suis revenu, je m'y suis créé un pied à terre, j'y ai amené avec moi quelques phtisiques. Et malgré mon scepticisme à l'égard de la climatothérapie, j'ai dû m'incliner devant les résultats. Le pays qui avait charmé le touriste a pris du premier coup aux yeux du médecin une importance considérable.

« Valescure (*Vallis curam*, la vallée de la santé des Romains) est le séjour recommandable par excellence à tous les individus menacés de maladies des voies respiratoires.

Les enfants issus de parents phtisiques seront installés là, au milieu d'une forêt de pins, en plein midi, à un kilomètre de la Méditerranée, au sommet d'une colline d'où la vue se perd sur la pleine mer. Ces pauvres petits parisiens, martyrs de la grande ville, victimes de la cruelle hérédité trouveront là ce qui leur a toujours manqué : de l'air ! De l'air chauffé par le soleil, de l'air purifié par les vagues de la mer, de l'air embaumé par les pins de la forêt. Si le médecin doit jamais triompher de la tuberculose, je suis convaincu que ce sera le jour où, rejetant les remèdes inutiles et dangereux de la pharmacopée, elle prendra l'hygiène, le soleil et l'air pur, pour armes dans la lutte qu'elle a engagée contre le grand mal moderne : la phtisie.

« Et maintenant comment décrire les sites grandioses de l'Estérel, de la chaîne des Alpes, des montagnes des Maures ; comment dépeindre par des mots le charme, le sentiment de bien être qui se dégagent de tous ces panoramas enchanteurs.

« C'est la gaîté qui vous entre à plein cœur, car je suis de ceux qui pensent que les premières conditions pour guérir un malade, c'est de commencer par l'égayer. Le malade qui retrouve la gaîté est à moitié guéri ».

LES BAINS DE MER

Les merveilleux résultats obtenus par l'hydrothérapie marine rendent le séjour du bord de mer de plus en plus recherché et l'hygiène veut que les enfants ou la population des grands centres, surmenés par les exigences de la vie moderne, viennent chercher sur les plages la santé et les forces nécessaires à la lutte.

Choix de la Station balnéaire

Le choix d'une station est chose importante et souvent difficile à faire ; il est en effet bien rare de trouver, réunies dans un même pays, des conditions climatologiques qui permettent un séjour prolongé et agréable, une plage de sable fin où le bain de mer puisse être pris sans danger et dans les meilleures conditions possibles, et qui possède dans ses environs une végétation sous-marine intense qui donne à l'eau des propriétés thérapeutiques incontestables ; suffisamment éloignée de rivières pour que l'apport d'eau douce ne puisse modifier la composition de l'eau de mer.

Ces avantages se trouvent réunis à Saint-Raphaël, qui est la première ville du littoral qui ait été classée par les médecins et les touristes comme station balnéaire.

Alors que la saison d'hiver est terminée, lorsque Nice, Cannes, Menton... se reposent et s'endorment en attendant le retour de l'hiver, Saint-Raphaël voit arriver d'autres voyageurs qui de Lyon, de Nîmes, de Paris... viennent prendre des bains de mer sur ses plages de sable doux et ferme.

Caractéristiques du bain de mer à St-Raphaël

Sur les Côtes de l'Océan et de la Manche, tous les vents qui soufflent du large, et ce sont les plus nombreux (vents du nord et de l'ouest), apportent de fréquentes et de brusques modifications à la température des eaux et de l'atmosphère, modifications auxquelles les malades sont très sensibles.

Les détails donnés sur le régime des vents, (voir chapitres précédents), démontrent que la température de l'atmosphère et de l'eau est, au contraire, à Saint-Raphaël, particulièrement constante.

Suivant les époques de l'année, l'eau de mer à Saint-Raphaël possède une gamme complète de température, soit de l'eau de mer, soit de l'air atmosphérique, que le médecin peut utiliser suivant les indications.

Les bains de mer peuvent être utilisés en toute saison à Saint-Raphaël

Pendant l'été, on les donnera aux enfants et aux femmes délicates qui n'auraient pas assez de force de réaction pour supporter les bains à température basse de la Manche et de l'Océan.

Pendant l'hiver on les continuera aux lymphatiques et aux scrofuleux.

En se servant, dans sa pratique des bains de mer de la Méditerranée pendant les belles journées d'hiver et pendant le printemps, le docteur Giraud Toulon a constaté les mêmes effets que les autres médecins obtiennent dans la Manche pendant l'été.

A Saint-Raphaël, en dehors des influences d'un climat supérieur à celui des plages du nord et de l'ouest, les malades trouvent dans les eaux chlorurées, bromo-iodurées de la Méditerranée, une minéralisation bien supérieure à celle de l'Océan et de la Manche.

L'eau de mer à St-Raphaël contient
en sels 4 1
— de l'Océan atlantique 3 8
— de la Manche 3 6

Enfin, sur la plage de Saint-Raphaël, l'absence de flux et de reflux constitue un avantage sérieux, car le médecin ou la famille peuvent choisir pour le malade le moment de la journée qui est le plus favorable comme température et faire ainsi de bonnes réactions, au lieu d'être forcé d'accepter l'heure que la marée veut bien lui donner, heure qui n'est jamais la même, ce qui l'expose souvent à ne pas se baigner ou à se baigner dans de mauvaises conditions.

Les différentes plages de Saint-Raphaël

Les souvenirs de l'établissement balnéothérapique qu'avaient installé les Romains et son exposition aérée qui lui constitue, pendant l'été, une température très supportable, ont contribué, autant que la plage, à la vogue dont jouit Saint-Raphaël auprès des estivants.

Il existe trois plages principales, l'une à l'ouest du Port, l'autre à l'est et la troisième à Agay.

La première s'étend de l'embouchure de la Garonne jusqu'à l astation de Saint-Aygulf, en passant devant Fréjus, sur une longueur de 5 kilomètres. Elle est constituée par du sable fin, mais elle présente les inconvénients d'une déclivité un peu brusque pour les apprentis nageurs. En outre, il convient de remarquer que l'eau de mer de cette plage est souvent modifiée dans sa composition par l'eau douce qu'y déversent les rivières et les ruisseaux qui s'y jettent : l'Argens, le Cougourdier et la Garonne. Le fond est à végétation sous marine réduite.

L'autre plage, au contraire, celle du Veillat, a ses eaux chargées des principes reconstituants que dégagent, en se décomposant, les plantes marines qui y poussent ; c'est elle qu'avaient choisie les Romains et c'est là qu'a été construit l'établissement thermal.

Cette plage du Veillat a trois cents mètres environ de développement ; elle est à juste titre le rendez-vous des baigneurs de toute catégorie. Le fond est en sable fin et moelleux et la pente douce permet de s'éloigner du bord sans crainte de perdre pied subitement jusqu'à une distance de cinquante mètres, désignée par des radeaux de refuge.

La plage d'Agay, très fréquentée, est constituée par du sable fin et très protégée par un hémicycle de collines élevées.

Indépendamment de ces trois grandes plages, tout le long de la côte existent de petites plages de sable fin, dans les criques d'Estérel-Plage, de Boulouris, d'Agay, d'Anthéor, du Trayas, véritables baignoires à ciel ouvert, où les bains de mer peuvent être pris sans interruption durant toute l'année.

L'Établissement thermal

L'établissement de bains de mer a été construit en 1878 par le père de la famille Lambert ; il est établi sur pilotis, en façade sur une longueur de cinquante mètres. Il comprend cinq pavillons reliés par des galeries ouvertes. Ses cabines sont bien aérées et bien closes. En outre un tremplin permet aux baigneurs de s'élancer directement dans la mer d'une hauteur de deux mètres, sans aucun risque de toucher le fond.

Par suite d'une installation spéciale on peut également prendre des bains chauds d'eau de de mer.

Indications des Bains de Mer

Les indications de la cure marine (bains de mer) découlent de l'analyse chimique de l'eau de la Méditerranée.

Analyse chimique faite par M. Saurent :

Chlorure de sodium	27 220
Chlorure de magnésium	6 140
Sulfate de magnésie	7 020
Sulfate de chaux	0 150
Carbonate de chaux et de magnésie	0 200
Acide carbonique	0 200
	50 930

Ammoniaque, potasse, iode et brome à l'état de combinaison.

Température moyenne en été, 20° centigrade
—   en hiver   10° centigrade

Une foule de maladies chroniques sont justiciables de la cure marine, mais le cadre de cette brochure ne nous permet pas de les énumérer. C'est au médecin de décider l'opportunité des bains de mer.

A titre d'indication nous reproduisons cependant ci-dessous une page du docteur Bontemps, ancien médecin consultant à Saint-Raphaël :

En tête de la liste des maladies auxquelles convient le traitement par les bains marins et le climat tout à fait spécial de Saint-Raphaël, il faut inscrire la scrofule, à son double titre de maladie de l'enfance et du système lymphatique. Avec une pratique de douze années, j'ai traité avec succès ses diverses manifestations, et ce que j'ai trouvé de remarquablement surprenant, dans certaines cures, c'est la rapidité avec laquelle disparaissaient les accidents assez graves pour compromettre la vie de mes malades.

Les maladies de la femme et particulièrement la chlorose ou chloro-anémie, avec toutes ses déplorables conséquences, sont celles qui le plus souvent trouvent dans notre station maritime, un traitement curatif. On s'est demandé si les femmes enceintes pouvaient impunément prendre des bains de mer, et si les bains de mer n'avaient pas sur la marche de la grossesse une influence fâcheuse ; pour ma part, je n'ai jamais eu qu'à constater les bons résultats obtenus par les bains de mer, pris avec ménagement et dans de bonnes conditions, modifiant avantageusement l'état général et faisant espérer et obtenir un accouchement heureux.

Les lésions osseuses, caries et même nécroses, avec plaies et trajets fistuleux, les gonflements des extrémités spongieuses, les difformités, suite de fractures ou de diverses lésions traumatiques trouvent dans les bains de mer et dans l'action topique de l'eau, des moyens détersifs et reconstituants dont les bons effets ne tardent pas à se faire sentir.

Quant aux enfants, je ne suis pas de l'avis des médecins qui leur refusent l'usage des bains de mer avant l'âge de 6 ou 7 ans. Toutes les fois que l'indication a été pressante, je n'ai pas hésité à baigner ses pauvres petits êtres, et jamais je n'ai éprouvé de déception. Il y a trois ans, j'ai soigné et guéri un bébé de deux ans, atteint d'un commencement de carie de la colonne vertébrale. Après soixante bains de mer, l'affection était enrayée, et aujourd'hui l'enfant possède la plus belle santé ».

Conseils pratiques pour les baigneurs

Pour terminer cette rapide étude sur les bains de mer de Saint-Raphaël, nous donnerons, d'après le docteur Serraud, quelques conseils pratiques.

Afin d'acclimater l'enfant ou le malade, le premier bain ne sera pris qu'au bout de 5 à 6 jours, il ne durera pas plus d'une minute.

Le lendemain pas de bain de mer. Le surlendemain un autre bain, puis continuation de la saison.

Avant le bain, il est utile de faire un léger exercice ; si l'enfant en est incapable, on lui fera une friction sèche afin d'amener la chaleur à la peau. La durée du bain ne dépassera pas 4 minutes.

L'immersion dans un bain trop prolongé est d'autant plus dangereuse qu'on manque de force de réaction.

En entrant dans l'eau, premier frisson suivi d'une impression de bien être général, un second frisson indique l'instant où il faut sortir de l'eau.

Au sortir du bain essuyage rapide et friction sur tout le corps. Habillement rapide puis réaction au moyen d'un exercice modéré.

L'exercice ne sera cessé que lorsque la réaction, caractérisée par une plus grande activité de la circulation périphérique et accusée par une augmentation de chaleur à la peau, sera bien établie.

C'est la manière dont se fait la réaction qui indique quelle peut être la durée d'application de tous les moyens hydrothérapiques.

Les premiers bains produiront de la lassitude et des maux de tête. Ces effets se dissiperont rapidement.

L'usage continu des bains de mer détermine une augmentation de l'appétit.

Les bains froids agissent plus vivement sur les enfants et les femmes que sur les adultes et les vieillards.

Bains de sable de mer

Les bains de sable de mer surchauffé par le soleil sont très employés à Saint-Raphaël ; ils ont été reconnus efficaces contre les rhumatismes chroniques, les nodosités arthritiques...

Ces bains de sable ont une durée variable, d'un quart d'heure à une heure, suivant les indications du médecin.

Tout le corps peut être couvert de ce sable brûlant. Pendant ce bain, on aura soin de préserver la tête de l'action directe du soleil, au moyen d'une ombrelle blanche doublée de vert.

Par de hautes températures, le bain de sable provoque d'abondantes transpirations qui seront fovorisées, au sortir de la couche de sable, par le repos dans une couverture de laine qu'on aura eu soin de faire chauffer au soleil.

L'EAU POTABLE A SAINT-RAPHAËL

Généralités et historique

L'eau constitue la partie fondamentale de nos tissus. Elle est le véhicule de tous les aliments. Elle est aussi indispensable à la vie que l'air atmosphérique.

La question de l'eau potable est une des préoccupations des hygiénistes et des municipalités, soucieuses de la santé de leurs administrés.

Nous avons la satisfaction de constater que ce problème a toujours été l'une des premières préoccupations des municipalités raphaëloises.

Jusqu'en 1894, l'alimentation en eau était assurée par une prise faite à proximité du ruisseau dit « *La Garonne* ».

En temps normal, cette eau était potable et pure, mais le captage était insuffisamment protégé contre les infiltrations superficielles. De plus l'eau était peu abondante et, à certaines périodes, l'infiltration des eaux de la mer la rendait légèrement saumâtre.

La Municipalité Félix Martin étudia diverses solutions.

1° Le captage des eaux de la nappe souterraine qui existe dans la plaine de Valescure et leur élévation à un niveau assez élevé pour qu'on puisse la distribuer ;

2° L'adduction des eaux provenant des petites sources qu'on peut trouver soit dans l'Estérel, soit dans les gorges de Pennafort, soit au pied du massif de la Sainte-Baume ;

3° La construction d'un barrage dans une des vallées de l'Estérel pour y créer un réservoir alimenté par les eaux pluviales.

La première de ces solutions fut mise en pratique et la distribution inaugurée le 6 août 1882, en présence de M. Favalelli.

Mais ce n'était qu'une installation provisoire. Les jaugeages exécutés pendant l'été de 1883, qui fut assez sec, démontrèrent l'impossibilité d'alimenter Saint-Raphaël à l'aide des eaux de source de l'Estérel.

En raison de la constitution géologique de ce massif montagneux de formation éruptive et qui n'offre aucun plan d'infiltration continu en communication avec les réservoirs des Alpes, on ne trouve dans ses vallées que des sources peu importantes qui, à l'époque de l'étiage, disparaissent ou ne sont plus que de faibles suintements.

La construction d'un barrage de retenue peut donner des eaux pour l'arrosage des jardins et le lavage des rues ; mais il eut été imprudent de baser l'alimentation d'une ville comme Saint-Raphaël sur la création d'un réservoir découvert recevant des eaux pluviales, plus ou moins chargées de matières organiques et exposées aux ardeurs du soleil.

En procédant ainsi par voie d'élimination, la municipalité Félix Martin conclut très justetement qu'une seule solution était acceptable : celle que les Romains avaient adoptée, il y a deux mille ans, pour l'alimentation de leur colonie militaire de *Forum Julii* et de ses environs. *Vallis cura* (Valescure) *San Rafau* (Saint-Raphaël) et *Ægytna* (Agay).

On sait que les Romains attachaient une importance extrême à la bonne qualité des eaux potables destinées à l'alimentation de leurs villes : cette considération avait surtout son importance pour une ville telle que *Forum Julli* préfecture maritime des côtes de la Gaule, qui renfermait les arsenaux, les magasins d'approvisionnement de la portion la plus importante des forces navales de l'Empire, et d'où partaient les flottes destinées à faire respecter au loin la puissance romaine. Aussi n'avaient-ils pas hésité à aller chercher très loin des eaux pures et abondantes, en captant la plus importante des sources de la Siagnole : celle qui naît au pied d'une paroi escarpée de rochers, située en amont du village de Mons et à laquelle on donne le nom de Neisson. Ils l'avaient conduite à l'aide d'un aqueduc maçonné, d'environ 45 kilomètres de long, jusqu'à leur arsenal, en exécutant des travaux considérables parmi lesquels deux tunnels et vingt-sept aqueducs à arceaux : « que ce soit Jules César qui l'ai fait construire par magnificence, que ce soit Auguste en faveur de la flotte qu'il y tenait, ou Caïus Caligula qui, au rapport de Suétone, se plaisait à faire couper les durs rochers, aplanir les montagnes et combler les plaines et vallées ; que ce soit enfin

Vespasien, par bienveillance pour les Fréjusiens et en considération de Valérius Paulinus, citoyen de cette ville, qui, de concert avec ses compatriotes, tint bon pour cet Empereur et fit déclarer la Gaule Narbonnaise en sa faveur, tandis que son autorité était encore chancelante, il n'y a qu'un Empereur Romain qui puisse avoir formé une pareille entrepirse ». (Ch. Texier).

Ce gigantesque ouvrage fut détruit au septième ou huitième siècle. Il en reste des ruines pittoresques et, sur certains points de son parcours, l'aqueduc est encore assez bien conservé. La partie supérieure était surtout dans un état de conservation très remarquable, car il semble que l'action destructive des Barbares ait décru à mesure qu'on s'éloignait de la ville.

Le Canal de la Siagnole

Les sources du Neïsson et de Jourdan (encore appelé de Laugier) émergent à la cote 500 de l'oolithe inférieur dans le ravin de la Siagnole, à 8 kilomètres au nord de Fayence. Elles ont fait l'objet de deux concessions, l'une de 300 litres par seconde, par décret du 14 juin 1820, au profit des communes de Fayence, Tourrettes, Callian et Montauroux, l'autre de 75 litres par seconde, par décret du 2 juin 1891, au profit de Fayence, Fréjus et Saint-Raphaël.

Les travaux pour la première concession ont été exécutés en 1874 et ont coûté 250.000 francs ; ceux de la seconde, achevés en 1894, ont coûté environ 1.350.000 francs.

Le canal de la Siagnole qui présente entre la prise et le bassin répartiteur des villes de Fréjus-Saint-Raphaël, un développement de plus de 30 kilomètres, alimente également un certain nombre de communes situées sur son parcours : Callian, Montauroux, Tourrettes, Saint-Paul, Fayence...

Il comprend un aqueduc maçonné de 4.629 mètres de longueur depuis la source Jourdan jusqu'au Jas-Neuf où il emprunte l'aqueduc romain sur 3.773 mètres ; puis d'une conduite en béton de ciment de 0 m. 40 de diamètre sur 21.669 mètres, entre l'aqueduc romain et le bassin de jauge de Boson ; d'une conduite principale en fonte de 0.225, sur 12.473 mètres, entre Boson et le bassin de distribution de Saint- Sébastien, d'une capacité de 1.200 mètres cubes, enfin de la branche secondaire de Fréjus et du Puget-sur-Argens.

Les dimensions de la conduite de Saint-Raphaël ont été calculées pour un débit de 33 litres à la seconde.

Indépendamment du réservoir de St-Sébastien, qui est en maçonnerie et à la cote 60, il y a trois autres bassins : ceux de Saint-Aygulf et du Dramont (en ciment armé d'une contenance de 150 mètres cubes aux cotes 52 et 55, et celui du Puget-sur-Argens (en maçonnerie, de 70 mètres cubes et à la cote 41 m. 39).

Du réservoir de Saint-Sébastien part le réseau de distribution desservant la ville, Estérel-Plage, Boulouris et tout le rivage de la mer entre Saint-Raphaël, l'importante agglomération des carrières du Dramont, Agay et Anthéor.

Enfin une conduite distincte s'embranche également à ce réservoir et traverse toute la vallée
de l'Argens pour aboutir au quartier de Saint-
Aygulf où elle amène un volume de deux litres
par seconde.

Ce réseau de distribution, d'un développement de 18 kilomètres, est en tuyaux de fonte
système Gibault d'un diamètre variant entre
150 et 80 millimètres. Le service est assuré, dans
les divers quartiers de la ville, par soixante
fontaines à débit intermittent et 50 bouches
d'arrosage et d'ncendie.

Les concessions particulières, au nombre de
plus de 600, sont données à la jauge ou au comp-
teur.

Actuellement les services publics et les par-
ticuliers consomment une moyenne de 14 litres
à la seconde.

Chaque habitant a à sa disposition une quantité de 140 litres, chiffre donné comme très suf-
fisant par le professeur Courmont, pour une ville
de l'importance de Saint-Raphaël.

D'après le contrat qui lie la ville de Saint-Raphaël avec la Société des Grands Travaux de
Marseille, concessionnaire du canal de la Siagnole, la ville s'est réservé le droit d'acquérir
une quantité d'eau supplémentaire de 20 litres
à la seconde.

L'alimentation de Saint-Raphaël en eau potable est donc assurée pour l'avenir.

*L'eau de la Siagnole. — Analyses chimiques
et bactériologiques*

Les eaux de la Siagnole, captées à leur émer-
gence, amenées, comme on l'a vu par ce qui précède, dans un canal absolument étanche, sont
d'excellente qualité. Elles ont été analysées
à plusieurs reprises ; *toutes les analyses ont
prouvé qu'elles étaient irréprochables.* Nous en
citons quelques-unes :

ÉCOLE NATIONALE DES PONTS ET CHAUSSÉES

SERVICE DES ANALYSES

*Analyse chimique des Eaux de la Siagnole ef-
fectuée par le Laboratoire de l'Ecole des
Ponts et Chaussées le 26 juillet 1887.*

Degré hydrotimétrique après ébullition	14.5
Anhydride sulfurique	0.007
Chlore	0.002
Silice	0.004
Alumine et peroxyde de fer	traces
Chaux	0.077
Magnésie	0.008
Produits combustibles volatils	0.001
Matières non dosées, perte	0.005

FACULTÉ DE MÉDECINE DE L'UNIVERSITÉ DE LYON

INSTITUT D'HYGIÈNE

Analyse chimique d'un échantillon envoyé par M. le Maire de Saint-Raphaël

Degré hydrotimétrique total ...... 13°
— permanent .... 11°
— temporaire .... 2°
Matières organiqués (en 0 consommé) :
Solution acide (en mil. par litre) .. 0 25
Solution alcaline (en mil. p. litre).. 0 20
Ammoniaque .... 0 »
Nitrites .... 0 »
Nitrates .... 0 »
Chlorures (en NaCI) .... — 2 25
Sulfates (en SO^3 .... — 12 2
Sulfures .... 0 »
Chaux (en CaO) .... — 70 5
Magnésie (en Mg 0).... — 6 8
Silice (en Si O^2) .... — 6 2
Oxyde de fer et d'alumine — 8 4
Plomb .... 0 »
Cuivre .... 0 »
Résidu fixe .... — 159 2
Pertes par calcination . — 22 5

CONCLUSIONS

Eau de très bonne composition. Excellente au point de vue chimique.

Lyon, le 20 avril 1914.

Le Chargé de Cours, chef des travaux,
Dr A. ROCHAIX.

FACULTÉ DE MÉDECINE DE L'UNIVERSITÉ DE LYON

LABORATOIRE D'HYGIENE

Service des Analyses bactériologiques d'Eau

Eau envoyée par M. le Maire de Saint-Raphaël (Var) au Laboratoire, le 29 mars 1914, en flacons stérilisés bouchés à l'émeri, dans la glace.

Analyse quantitative

I. *Méthode de l'ensemencement fractionné en bouillon.* Pip. 1/89. 100 gr. de bouillon, dilution à 1/10.

II. *Méthode des Cultures sur gélatine.* Dil. à 1/10 par 1/4, 1/2, 3/4, Icc. Eau pure 1/4, 1/2, 3/4, Icc.

III. *Résultats :*

1° Microbes au cmc. 73.

2° Bactéries chromogènes liquéfiantes, 0.
   — chromogènes non liquéfiantes, 10.
   — non chromogènes liquéfiantes, 0.
   — non chromogènes non liquéfiantes, 63.

3° Espèces saprophytes déterminées. Pénicillum glaucum.

CONCLUSIONS

Eau *très pure* au point de vue bactériologique quantitatif.

Lyon, le 25 avril 1914.

Le Chef des travaux   *Le Professeur,*
  du Laboratoire,   *Directeur du Laboratoire,*
    Dʳ. A. ROCHAIX.   Dʳ COURMONT.

FACULTÉ DE MÉDECINE DE L'UNIVERSITÉ DE LYON

LABORATOIRE D'HYGIÈNE

Service des Analyses bactériologiques d'Eau

Eau envoyée par M. le Maire de Saint-Raphaël (Var) au Laboratoire, le 29 mars 1914, en flacons stérilisés bouchés à l'émeri, dans la glace.

Analyse qualitative (Espèces pathogènes)

Recherche du :
I. Colibacille : méthode au neutralroth   0
           méthode à l'acide phénique   0
II. Bacille d'Eberth   0
III. Bacilles parathyphiques   0
IV. Vibrion cholérique   0
V. Autres microbes pathogènes   0

CONCLUSIONS

Eau *très pure* au point de vue bactériologique qualitatif.

Lyon, le 25 avril 1914.

Le Chef des travaux	*Le Professeur,*
du Laboratoire,	*Directeur du Laboratoire,*
D^r. A. ROCHAIX.	D^r. COURMONT.

Les trois analyses précédentes ont été effectuées à la suite des prélèvements effectués par M. Ph. Jumaud assisté de MM. Lions et Planchai, en présence de M. Basso, Maire de Saint-Raphaël.

En résumé *l'eau de Saint-Raphaël est une eau claire, limpide, fraîche, agréable à boire, ne contenant aucun germe pathogène, très peu minéralisée et très aérée, toutes qualités qui rendent sa digestion très facile et absolument inoffensive.*

On peut donc consommer en toute sécurité l'eau de la Siagnole et, à aucun moment à Saint-Raphaël, on n'est obligé de demander aux tables d'hôtels les eaux artificielles dont chacun connaît les inconvénients et les dangers (dyspepsie, atonie gastrique....

HYGIÈNE GÉNÉRALE

La ville de Saint-Raphaël a institué une Commisson municipale, véritable bureau d'hygiène, chargé de l'application du règlement sanitaire municipal, en vigueur depuis le 28 octobre 1904.

Désinfection

La Ville est dotée, depuis plusieurs années, d'un poste de désinfection dépendant du service départemental et il est à remarquer que les désinfections d'appartements, d'hôtels, de villas, se font de plus en plus fréquentes. Le règlement sanitaire, par les articles 60, 61, 62, 63 et 64, indique les conditions dans lesquelles doivent être opérées les désinfections.

Egouts

Pour l'évacuation des eaux et matières usées, de grands progrès ont été réalisés au cours de ces dernières années. Le ruisseau de la Dragonnière qui sert d'égouts à la partie basse de la ville a été vouté et prolongé à 150 mètres dans la mer au moyen de gros tuyaux de fonte.

La partie neuve de la ville, le quartier du Plateau est desservi par un réseau d'égouts dont le collecteur principal, établi sur le boulevard Félix Martin, débouche également à une grande distance dans la mer.

Enfin, un troisième réseau, récemment construit, dessert les quartiers de Valescure, la partie haute de la ville, les écoles publiques et l'hôpital ; son collecteur vient déboucher dans l'égout de la Dragonnière.

Ces divers égouts sont du système unitaire. Ils reçoivent à la fois les eaux ménagères, les matières de vidanges et les eaux pluviales.

D'autre part, les villas, hôtels et immeubles qui ne sont pas reliés aux égouts, en raison de leur situation, possèdent des fosses fixes qui sont vidées à l'aide du système pneumatique.

Le service des vidanges ne peut être fait dans l'intérieur de la ville de 9 heures du matin à 4 heures du soir, du 1ᵉʳ octobre au 31 mars et de 8 heures du matin à 6 heures du soir, du 1ᵉʳ avril au 30 septembre.

L'épandage sur le sol pour des emplois agricoles n'est autorisé qu'à une distance minimum de 150 mètres de toute habitation, et la matière doit être immédiatement recouverte de terre.

Inspection des viandes et denrées

La Ville a organisé des services de protection et de désinfection qui assurent toute sécurité à la population. Un vétérinaire inspecteur est spécialement chargé de la visite des viandes provenant de l'abattoir municipal, situé en dehors de la ville.

En présence du développement de la ville et pour satisfaire aux exigences de l'hygiène, le Conseil municipal a décidé la construction d'un nouvel abattoir doté de laboratoires, de frigorifiques et de tous les perfectionnements.

Le Commissaire de police, le Vétérinaire inspecteur, par des visites très fréquentes, s'assurent de la qualité des denrées alimentaires mises en vente sur le marché qui a lieu tous les jours de 6 heures du matin à midi.

Hygiène du Lait

Soucieux de l'hygiène du lait, le Maire de St-Raphaël a pris, le 12 mai 1905, un arrêté organisant le *Service d'inspection des vacheries et laiteries*. La Commission de surveillance (composée d'un adjoint au Maire, d'un Pharmacien, du Médecin de l'hôpital, du Vétérinaire municipal et de l'Architecte de la Ville) fait observer les règlements en ce qui concerne la propreté des locaux, le renouvellement des litières, l'enlèvement des fumiers, l'écoulement des eaux résiduaires et de lavage. Elle prescrit les mesures d'assainissement et de désinfection qui sont reconnues nécessaires et requiert, s'il y a lieu, le retrait provisoire de l'autorisation d'exploitation. La Ville fait donner aux propriétaires des vacheries où toutes les conditions imposées par les règlements ont été remplies, où les prescriptions de ces règlements sont régulièrement suivies et où tous les animaux ont subi négativement l'épreuve de la tuberculine, l'autorisation

de faire inscrire sur la porte de leur établissement et sur leurs véhicules les mots : *Vacherie
approuvée.*

La surveillance active du Commissaire de police et de la commission a eu d'heureux résultats
puisqu'en 1913, sur 70 prélèvements effectués,
il y a eu seulement un procès-verbal.

Lutte contre la poussière

Le pavage et l'empierrement des routes avec
le porphyre des carrières du Dramont diminuent
beaucoup les effets de la boue et de la poussière.

En attendant le goudronnage des rues (dont
on poursuit des essais), un arrosage très rationel
supprime la poussière.

L'arrosage au tonneau est exécuté une fois par
jour du 1ᵉʳ novembre au 30 avril, 2 fois par jour
du 1ᵉʳ mai au 30 septembre.

Indépendamment de l'arrosage au tonneau,
il est procédé tous les jours, d'une manière per-
manente, au lavage à la lance, du marché, de tous
les caniveaux, cuvettes, pavés bordant les trot-
toirs des principales rues de la ville. Toutes les
stations de voitures sont lavées une fois par jour
en hiver et deux fois en été.

Balayage

Le service du balayage et d'enlèvement des
ordures ménagères commence, en toute saison
et quelque temps qu'il fasse :

1° à 7 heures du matin pour être terminé à
10 heures du matin pendant les mois de novembre, décembre, janvier et février ;

2° à 6 heures 1/2 du matin pour être terminé à 9 heures 1/2 du matin pendant les mois de mars, avril, septembre et octobre ;

3° à 6 heures du matin pour être terminé à 9 heures du matin pendant les mois de mai, juin, juillet et août.

Les tombereaux sont nettoyés chaque jour. Ils sont semi-métalliques, d'une contenance de 3 mètres cubes, fermés par une tôle qui porte une série de trappes s'ouvrant à l'aide de glissoires. Ces tombereaux sont mus par la traction animale.

Pendant toute l'année, à partir de midi, la ville fait enlever le crottin ou les excréments des bêtes de somme circulant sur la voie publique.

Les ressources thérapeutiques de Saint-Raphaël sont en rapport avec l'importance de la ville : hôpital, cliniques, établissement héliothérapique et thermal, laboratoires d'analyses et de recherches bactériologiques, docteurs en médecine, vétérinaires, pharmaciens, chirurgiens dentistes, etc...

Saint-Raphaël est accessible à toutes les bourses et, à côté de palais somptueux, on y trouve une variété de villas, d'hôtels, de pensions de famille qui peuvent satisfaire toutes les clientèles.

La Mortalité à Saint-Raphaël

Pour terminer ces notes d'hygiène et donner la preuve matérielle des excellentes conditions de Saint-Raphaël, nous dirons, que, d'après les statistiques municipales, le nombre de touristes et de baigneurs qui ont fréquenté Saint-Raphaël, pendant le cours de l'année 1913, a été de 225.000 et que, malgré l'affluence considérable d'étrangers, la mortalité moyenne de la France n'a été dépassée, depuis 1903, qu'une seule fois en 1909, ainsi que cela ressort du tableau ci-dessous, *dressé par l'Inspecteur départemental de l'hygiène dans le Var :*

Mortalité de Saint-Raphaël

ANNÉES	MORTALITÉ moyenne de la France comparée à 100 habitants	NOMBRE de décès constatés dans la commune	PROPORTION pour 100 habitants	OBSERVATIONS
1903	1.96	88	1.80	Pendant cette période la mortalité moyenne n'a été dépassée qu'en 1909.
1904	1.95	77	1.58	
1905	1.97	73	1.50	Cette commune n'a donc jamais donné lieu à l'enquête sanitaire prescrite par l'article 9 de la loi du 15 février 1902.
1906	1.99	86	1.75	
1907	2.02	83	1.69	
1908	1.90	58	1.18	
1909	1.93	100	2.04	
1910	1.79	81	1.65	
1911	1.96	84	1.64	

C'est la meilleure preuve du parfait état sanitaire de Saint-Raphaël qui est classée *comme station climatique et balnéaire* et où il existe une Chambre d'industrie climatique conformément à la loi du 13 avril 1910.

Ph. J.

L'Opinion des Médecins sur Saint-Raphaël

La situation de Saint-Raphaël, les qualités de son climat, la valeur thérapeutique du séjour, ont fait l'objet de nombreuses études médicales qu'il aurait été intéressant de reproduire, particulièrement celles des docteurs Mireur et Bontemps. La brièveté de cette étude nous oblige à ne publier que quelques opinions émanant de personnalités médicales autorisées, que nous n'accompagnerons d'aucun commentaire pour ne pas en affaiblir la netteté.

« On peut dire d'une manière absolue que le climat de Saint-Raphaël synthétiquement jugé, agit sur l'organisme à l'état physiologique ou morbide comme un névrosthénique, c'est-à-dire en stimulant le dynamysme vital par l'intermédiaire du système nerveux et en reconstituant l'économie ».

D^r. C. DE LA ROCHE.

«Grâce à sa situation topographique l'état normal et généralement mobile de l'air, est une des qualités qui caractérisent Saint-Raphaël... L'air absorbé par les poumons est un air pur, oxygéné ; il agit par les poumons sur l'hématose qu'il rend plus complète, c'est donc un vivifiant puisant. Non seulement l'air marin respiré ici est pur, mas il est saturé par les sels contenus en dissolution dans l'eau. Il se dégage constamment de la surface de la mer, non seulement du chlorure de sodium, mais encore de l'iode, du brôme et peut-être du chlore. Et l'on comprend ainsi l'action puissante de cette atmosphère maritime, de ce grand bain d'air permanent ».

D^r. SERRAND.

« Saint-Raphaël, par son orientation, reçoit directement les effluves de la brise de mer qui souffle, pendant le jour tandis que la brise de terre ne règne que la nuit. Cette alternance régulière du régime anémométrique est une loi physique qui donne à l'air de la station une mobilité incessante bien faite pour tonifier l'organisme ».

D^r. NIEPCE.

« L'état normal légèrement mobile de l'air de la station de Saint-Raphaël est une des qualités qui la caractérisent et dont le médecin doit tenir un grand compte. Ce mouvement de circulation de l'atmosphère est indépendant de l'action des grands vents...»

D^r. BONTEMPS.

« Saint-Raphaël a pris, depuis quelques années, un prodigieux développement et paraît appelé à un grand avenir en raison surtout de la douceur de son climat.

Dr SIGALLAS,
Inspecteur de l'Hygiène.

« Saint-Raphaël-Valescure est la station médicale par excellence, à la fois tonique et sédative, offrant cette particularité que la succession du jour à la nuit s'opère sans ces variations brusques de température qui, sur d'autres points du littoral, sont parfois assez accidentées pour présenter un danger véritable ».

D^r. CONSTANTIN JAMES.

« Avec son air tempéré, tonique et salubre par excellence, avec ses qualités de station hivernale et de station fixe, avec la beauté de son ciel bleu et la merveilleuse richesse de son décor, Saint-Raphaël convient au plus grand nombre et prendra certainement une bonne place parmi les stations hivernales recherchées du littoral méditerranéen ».

D^r. MIREUR.

«... Et maintenant, comment décrire les sites grandioses de l'Estérel, de la chaîne des Alpes, des montagnes des Maures, comment dépeindre par des mots le charme, le sentiment de bien-être, qui se dégagent de tous ces panoramas enchanteurs.

« C'est la gaieté qui vous entre en plein cœur, car je suis de ceux qui pensent que les premières conditions pour guérir un malade c'est de commencer par l'égayer. Le malade qui retrouve la gaieté est à moitié guéri.

« Voilà donc Saint-Raphaël appelé à jouer un rôle considérable dans le traitement des phtisiques. Je suis convaincu qu'il justifiera toutes les promesses que nous fondons sur lui ».

D^r. LÉON PETIT.

TABLE DES MATIERES

DRAGUIGNAN. — Imprimerie OLIVIER-JOULIAN.

Lotissement du Domaine communal de Saint-Raphaël

" ESTÉREL-PLAGE "

Villégiature d'Hygiène et de Sports

CRÉATION D'UNE CITÉ MODÈLE

à 100 mètres de la Gare de BOULOURIS-SUR-MER
et à 10 minutes de la Gare de St-RAPHAEL

PRINCIPAUX AVANTAGES

Eau de Source absolument Pure, Eclairage, Gaz,
Electricité, Tout-à-l'Egout

Avenues et Boulevards de 30 mètres de Largeur
Nombreux et Vastes Ronds-points boisés
Jardins et Squares publics - Parc des Sports

APPROVISIONNEMENTS FACILES ET A BON MARCHÉ

Excursions splendides

CHASSE - PÊCHE - TOUS LES SPORTS
CENTRE D'AVIATION (Hydroplanes)

TERRAINS BOISÉS (Lots au gré de l'Acquéreur)

1 fr. 75 à 6 fr. 50 le mètre — *Facilités de paiement*

A PLANCHAR, Concessionnaire, MAIRIE DE St-RAPHAEL (Var)

www.ingramcontent.com/pod-product-compliance
Lightning Source LLC
Chambersburg PA
CBHW051242030726
47595CB00003B/1039